www.ingramcontent.com/pod-product-compliance
Lightning Source LLC
Chambersburg PA
CBHW070144080526
44586CB00015B/1834
9781987869774